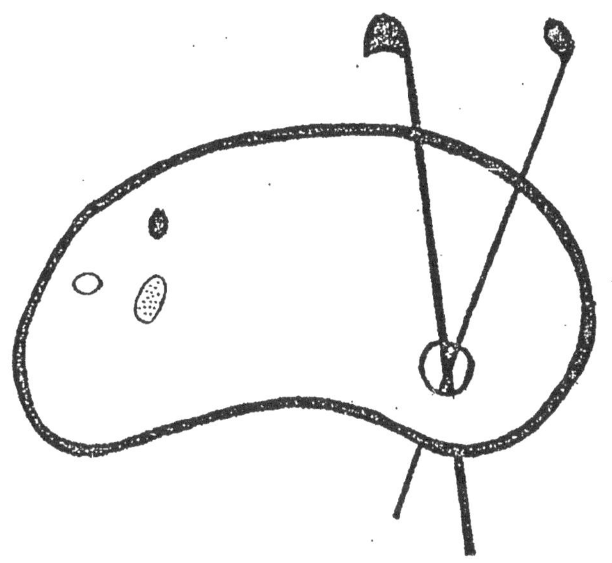

ORIGINAL EN COULEUR
NF Z 43-120-8

RECTO ET VERSO

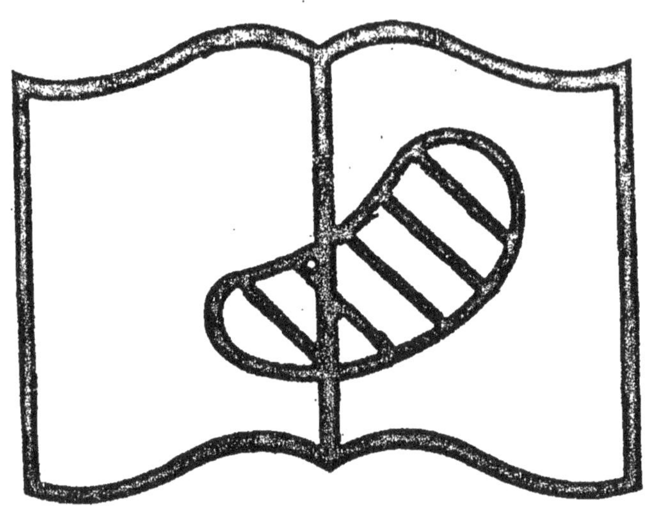

Illisibilité partielle

1ʳᵉ LIVRAISON. — PRIX : 1 fr. 50

MUSÉE

PRÉHISTORIQUE

PAR

GABRIEL ET ADRIEN DE MORTILLET

Photogravures de MM. Michelet et Yves-Barret.

Souscription à l'ouvrage complet. . . . . 30 francs.

ALBUM

DE 100 PLANCHES CONTENANT 600 DESSINS CLASSÉS MÉTHODIQUEMENT

Format grand in-8°, dit grand Jésus, paraissant deux fois par mois, par livraisons de 4 planches, ayant chacune deux pages de texte en regard. Prix de la livraison : 1 fr. 50.

En souscrivant à l'ouvrage complet, 30 francs, on reçoit les livraisons *franco* par la poste. Les souscriptions sont reçues par M. Adrien de Mortillet, à Saint-Germain-en-Laye (Seine-et-Oise).

Pour la France, la Belgique, les Pays-Bas et Luxembourg, la Grande-Bretagne, l'Italie, la Suisse, la Suède et Norvége, le Danemark, l'Autriche-Hongrie, l'Allemagne, le Portugal, le meilleur mode de souscription est l'envoi d'un mandat postal au nom de M. A. de Mortillet, à Saint-Germain-en-Laye (Seine-et-Oise). Le talon sert de quittance.

Les livraisons sont en vente, à Paris, chez M. C. Reinwald, libraire, 15, rue des Saints-Pères.

MUSÉE PRÉHISTORIQUE

PAR

GABRIEL et ADRIEN de MORTILLET

ALBUM

DE 100 PLANCHES CONTENANT 800 DESSINS CLASSÉS MÉTHODIQUEMENT

Format grand in-8°, dit grand-jésus; paraissant deux fois par mois, par livraisons de 4 planches, ayant chacune deux pages de texte explicatif en regard. Prix de la livraison : 1 fr. 50.

En souscrivant à l'ouvrage complet, 30 francs, on reçoit les livraisons *franco* par la poste. Les souscriptions sont reçues par M. Adrien de Mortillet, à Saint-Germain-en-Laye, (Seine-et-Oise).

Pour la France, la Belgique, les Pays-Bas et Luxembourg, la Grande-Bretagne, l'Italie. la Suisse, la Suède et Norvège, le Danemark, l'Autriche-Hongrie, l'Allemagne, le Portugal, le meilleur mode de souscription est l'envoi d'un mandat postal au nom de M. A. de Mortillet, à Saint-Germain-en-Laye (Seine-et-Oise). Le talon sert de quittance.

Les livraisons sont en vente à Paris, chez M. C. Reinwald, libraire, 15, rue des Saints-Pères.

La littérature ou bibliographie essentielle d'une science nouvelle se compose d'un *Journal*, d'un *Traité didactique* et d'un *Album*.

Le Journal vient le premier. Il est destiné à poser les problèmes, à discuter les questions, à réunir toutes les observations, à rassembler tous les faits. C'est un magasin où sont recueillis avec soin les matériaux destinés à constituer plus tard la jeune science. Aussi, dès le commencement des études préhistoriques, me suis-je empressé de fonder les *Matériaux pour l'histoire de l'homme*. Pendant quatre ans, de 1864 à 1868, j'ai dirigé ce recueil périodique. Je l'ai cédé ensuite à mon ami et collègue Émile Cartailhac, qui l'a largement développé, l'élevant au rang des publications scientifiques de premier ordre.

Lorsque les faits sont bien connus, bien étudiés, il faut les coordonner. C'est

alors que doit apparaître le *Traité didactique*. Pour ce qui concerne le préhistorique
ou paléoethnologie, de nombreux et brillants essais ont été tentés. Des hommes
du plus haut mérite sont entrés en lice. Il me suffira de citer les noms de
Thomsen, Nilsson, Worsaae, Boucher de Perthes, Schmerling, Lyell. Morlot, Vogt.
Lartet, Lubbock, Evans, Gastaldi, Keller, Dupont, Chantre, Aspelin, etc., etc.
Mais l'heure d'un ouvrage d'ensemble n'avait pas encore sonné. Toutes les publications faites sont restées incomplètes, certains éléments de la science manquaient
encore. La plupart même des auteurs que je viens de nommer n'ont produit
que des monographies locales ou des travaux sur des questions spéciales. On
peut dire que ce sont les ardents et habiles pionniers qui ont ouvert la voie, sans
pourtant atteindre le but. Moi-même, je me suis cru plusieurs fois en mesure de
publier ce traité si désiré, si attendu. C'est ainsi que j'ai successivement annoncé
l'*Origine de l'homme, musée d'archéologie primitive* et la *Paléontologie de l'histoire.
Iraité d'archéologie préhistorique*. Chaque fois je me croyais prêt, et chaque fois
j'ai reconnu combien il y avait encore d'importants problèmes à résoudre et de
questions majeures à étudier. Alors je me suis mis à travailler séparément les
questions fondamentales. C'est ce qui m'a permis de rédiger un traité d'ensemble,
qui est déjà en partie imprimé. Il paraîtra d'ici à trois ou quatre mois, dans la
Bibliothèque des sciences contemporaines, sous le titre : *l'Archéologie préhistorique*. Ce
sera un volume, format dit Charpentier, ancien in-12, avec environ 70 figures.

Mais pour bien apprendre, bien connaître une science se rapportant à
l'archéologie et aux sciences naturelles, lire ne suffit pas, il faut voir les objets
et les choses. Les traités illustrés d'un plus ou moins grand nombre de figures
sont eux-mêmes insuffisants. Un *Album* aux nombreuses planches, aux figures
plus nombreuses encore, est indispensable. C'est un album de ce genre que
j'entreprends, avec le concours de mon fils, Adrien de Mortillet. comme dessina-
teur. Ainsi que son titre l'indique, ce sera un véritable musee mis à la disposition
de tout le monde; un musée portatif; un musée de cabinet. Il se composera de
100 planches, contenant 800 objets classés très méthodiquement et embrassant
le préhistorique entier, depuis le tertiaire jusqu'aux premiers temps du fer. Tous
les dessins pris dans les collections particulières les plus importantes, les musées
spéciaux et surtout dans le musée de Saint-Germain, seront inédits.

Nous nous efforcerons de faire de notre album le complément naturel de
tous les ouvrages concernant le préhistorique.

Comme classification, il pourra servir de guide aux directeurs de musées et
aux collectionneurs pour arranger méthodiquement ce qu'ils possèdent.

Contenant la représentation exacte de tous les types, et même des modifi-
cations importantes de chacun de ces types, le *Musée préhistorique* sera comme

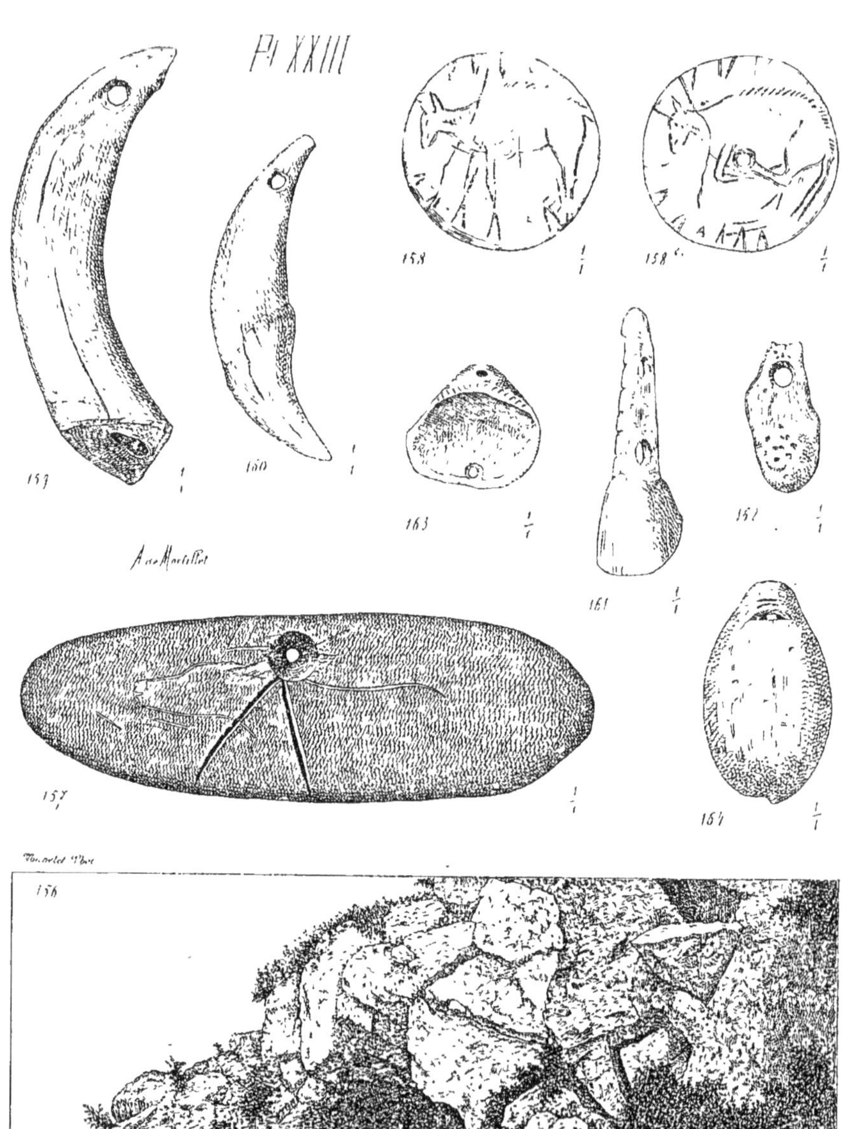
Pl XXIII
A. de Mortillet
159
160
158
158 b
163
162
161
157
154
156

une illustration générale, un point de repaire. Les auteurs qui ne pourront joindre des planches ou des figures à leurs publications, n'auront qu'à le citer. En indiquant nos dessins, les lecteurs se rendront parfaitement compte des objets décrits ou mentionnés.

Tel est le triple but que nous nous sommes proposés.

Le *Musée préhistorique,* exécuté avec grand soin et surtout avec une extrême fidélité de dessin, nous paraît une publication des plus utiles, même des plus nécessaires. Aussi espérons-nous la voir bientôt entre les mains de tous ceux qui s'intéressent à la science nouvelle.

GABRIEL DE MORTILLET,

Professeur de préhistorique à l'École d'Anthropologie
de Paris

NOTA. — La première livraison du *Musée préhistorique* a déjà paru et un tiers des planches sont dessinées et gravées. La régularité de la publication est donc assurée.

Le présent prospectus donne un spécimen du papier, du format, des caractères et de l'exécution des planches.

Saint-Germain, 10 décembre 1880.

————❦❀❦————

Paris. — Typographie Paul SCHMIDT, 5, rue Perronet.

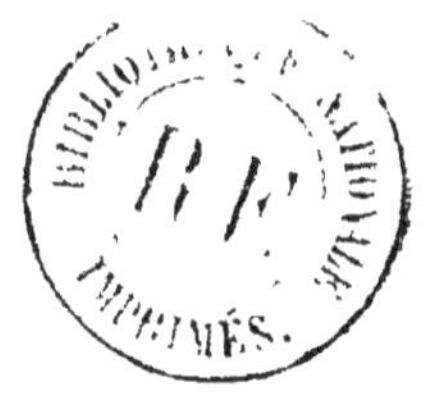

MUSÉE PRÉHISTORIQUE

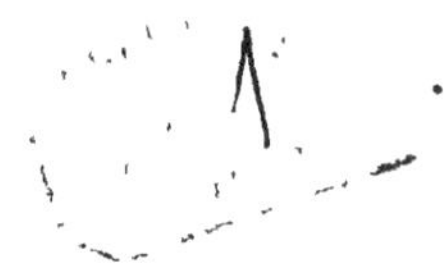

PLANCHE I

TERTIAIRE

SILEX BRULÉS ET TAILLÉS DE L'AQUITANIEN; THENAY (LOIR-ET-CHER)

La classification méthodique de notre Musée préhistorique part des temps les plus anciens, des temps géologiques, pour descendre successivement jusqu'aux temps protohistoriques et historiques. Les premières planches sont donc consacrées à la question de l'homme tertiaire. En 1867, cette question, qui déjà avait été soulevée quelque peu, s'est posée de la manière la plus franche à la session de Paris du Congrès international d'anthropologie et d'archéologie préhistoriques. Dans la séance du 19 août, l'abbé Bourgeois a présenté des silex taillés et brûlés provenant du miocène inférieur ou tertiaire moyen, étage aquitanien, formation des calcaires de Beauce. Chacun s'est demandé si les silex produits venaient bien de l'étage indiqué et s'ils étaient réellement brûlés et taillés? La coupe ci-jointe et les silex, figurés de grandeur naturelle, répondent de la manière la plus nette et la plus concluante à ces questions.

1. — Coupe, au 1/50e, d'un puits que Bourgeois a fait creuser sur le plateau de Thenay.

A	Terre végétale	0^m20	0^m20
B	Faluns, amas de fossiles marins , ...	0^m40	0^m60
C	Couche de calcaire d'eau douce, avec trous de pholades à la partie supérieure	0^m32	0^m92
D	Marnes blanches d'eau douce, feuilletées	0^m75	1^m67
E	Couche de calcaire d'eau douce	0^m25	1^m92
F	Marnes comme en D.	1^m15	3^m07
H	Lif d'argile, avec rognons calcaires et os d'*Acerotherium*. . . .	0^m24	3^m31
I	Marnes comme en D.	0^m92	4^m23
K	Marnes feuilletées plus foncées, contenant les silex brûlés et taillés.	0^m60	4^m83

Cette coupe, que j'ai relevée moi-même, a une hauteur totale de 4^m83. Les marnes du fond n'ont pas été traversées complètement. Au-dessous, sont la formation

1

des argiles à silex et la craie en place, comme on peut le constater dans le ravin voisin. Ce sont là les magasins des silex qui ont été remaniés à l'époque aquitanienne.

L'assise B appartient au mayencien.

C à K constituent les éléments divers de la formation dite des calcaires de Beauce, appartenant à l'aquitanien ou miocène tout à fait inférieur.

2. — Rognon de silex, presque globuleux, décortiqué par l'étonnement au feu. (Musée de Saint-Germain, n° 9444.)

3. — Fragment de silex entièrement craquelé par l'action du feu. (Musée de Saint-Germain, n° 11803.)

4 — Autre fragment qui, après avoir été profondément craquelé, s'est en partie désagrégé ou émietté à l'extérieur. (Musée de Saint-Germain, n° 9445)

5. — Silex éclaté par le feu, avec retouches régulières sur une seule de ses arrêtes et une seule de ses faces. (Musée de Saint-Germain, n° 20390.) Les silex taillés de cette dimension sont exceptionnels à Thenay.

6. — Autre silex éclaté par le feu, avec retouches, en forme de petit grattoir. Les petits instruments sont les plus communs (Musée de Saint-Germain, n° 9450.)

7. — Troisième silex éclaté par le feu, retouché sur une arrête. Ces retouches ne peuvent être l'effet de chocs ou de frottements, toutes les autres arrêtes étant restées vives. En outre, les retouches sont régulièrement disposées d'un seul côté de l'éclat (Musée de Saint-Germain, n° 17761.)

Les six échantillons figurés sont de grandeur naturelle et proviennent des fouilles patientes et persévérantes de Bourgeois; fouilles faites dans les marnes aquitaniennes de Thenay (Loir-et-Cher).

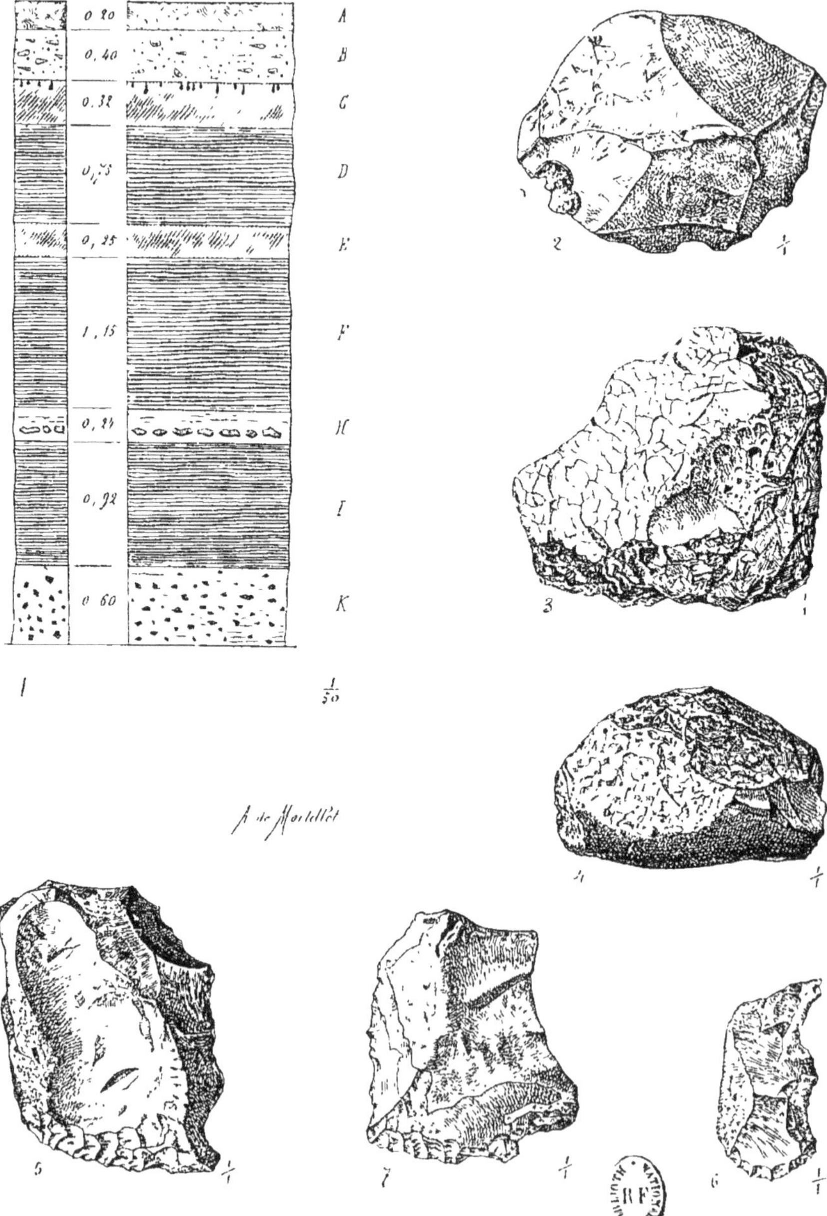

Pl. I
A
B
C
D
E
F
H
I
K
0.20
0,40
0,32
0,75
0,25
1,15
0,24
0,92
0 60
1
1/50
h. de Mortillet
2
3
4
5
6
7

MUSÉE PRÉHISTORIQUE

PLANCHE II

DÉMONSTRATION

SILEX PASSÉS AU FEU ET CONCHOIDE DE PERCUSSION

Si l'on chauffe lentement un silex et qu'on le laisse refroidir de même, il peut rester intact. Mais si l'action du feu est assez active et le refroidissement suffisamment rapide, le silex se craquèle plus ou moins. Pour peu qu'on en ait l'habitude, on reconnaît bien vite les silex passés au feu. Souvent, outre le craquelage, le silex se décolore. Ce dernier caractère se rencontre aussi parfois dans les silex tertiaires de Thenay.

8. — Silex taillé, ayant subi l'action d'un feu violent, complètement craquelé et s'émiettant sur les bords. Recueilli à la surface du sol, à Fontaine-Sauve, commune de Vic-de-Chassenay (Côte-d'Or) Récoltes Hippolyte Marlot. (Musée de Saint-Germain, n° 15585.)

9. — Dessous d'un grattoir robenhausien en silex, passé au feu et craquelé d'une manière moins forte que le silex précédent. Trouvé dans un fond de cabane de la station de Campigny, commune de Blangy sur-Bresles (Seine-Inférieure). Récoltes de Morgan. (Musée de Saint-Germain, n° 19813.)

Lorsque l'on chauffe rapidement les silex, surtout ceux qui contiennent une assez grande quantité d'eau de composition comme les silex de Thenay, ils éclatent assez irrégulièrement en morceaux. C'est ce qu'on appelle l'étonnement par le feu. Les silex de Thenay sont généralement débités de cette façon.

Quant, au contraire, l'homme éclate le silex intentionnellement par percussion, il donne, avec un marteau ou percuteur, un coup sec sur une surface plus ou moins plane. Ce coup détache un éclat ou une lame dont le sommet présente des caractères tout particuliers, très caractéristiques de l'intervention humaine.

C'est d'abord le point de frappe, qui est marqué par une étoilure et parfois par un petit cône.

C'est surtout une bosse conchoïdale en relief sur la partie détachée, laissant naturellement un creux équivalent dans la pièce d'où l'éclat est parti. C'est ce qu'on appelle le conchoïde et parfois, mais improprement, bulbe de percussion. Sur le conchoïde en relief il y a presque toujours une éraillure ou départ de petits fragments de la pierre.

9. — Le grattoir craquelé laisse voir à son sommet le plan de percussion, le cône de frappe et le conchoïde en relief, avec son éraillure.

10. — Éclat de silex montrant le plan de frappe, le conchoïde de percussion en relief et son éraillure. Cette pièce a été recueillie aux environs d'Abbeville (Somme). Recoltes Boucher de Perthes. (Musée de Saint-Germain, n° 18945)

11. — Dessous d'un grattoir en silex, avec plan et point conique de frappe, conchoïde de percussion en relief presentant une éraillure. Station robenhausienne de Campigny (Seine-Inférieure). Récoltes de Morgan. (Musée de Saint-Germain, n° 17293.)

11 *bis*. — Dessus du même grattoir, avec conchoïde de percussion en creux.

12. — Nucléus en silex, avec conchoïde de percussion en creux. Gebel-Quournah (Égypte). (Musée de Saint-Germain, n° 13440.) Cet échantillon montre que les caractères distinctifs de l'intervention intentionnelle de l'homme sont partout indentiquement les mêmes.

Toutes les figures de cette planche sont de grandeur naturelle.

—— —⁂— ———

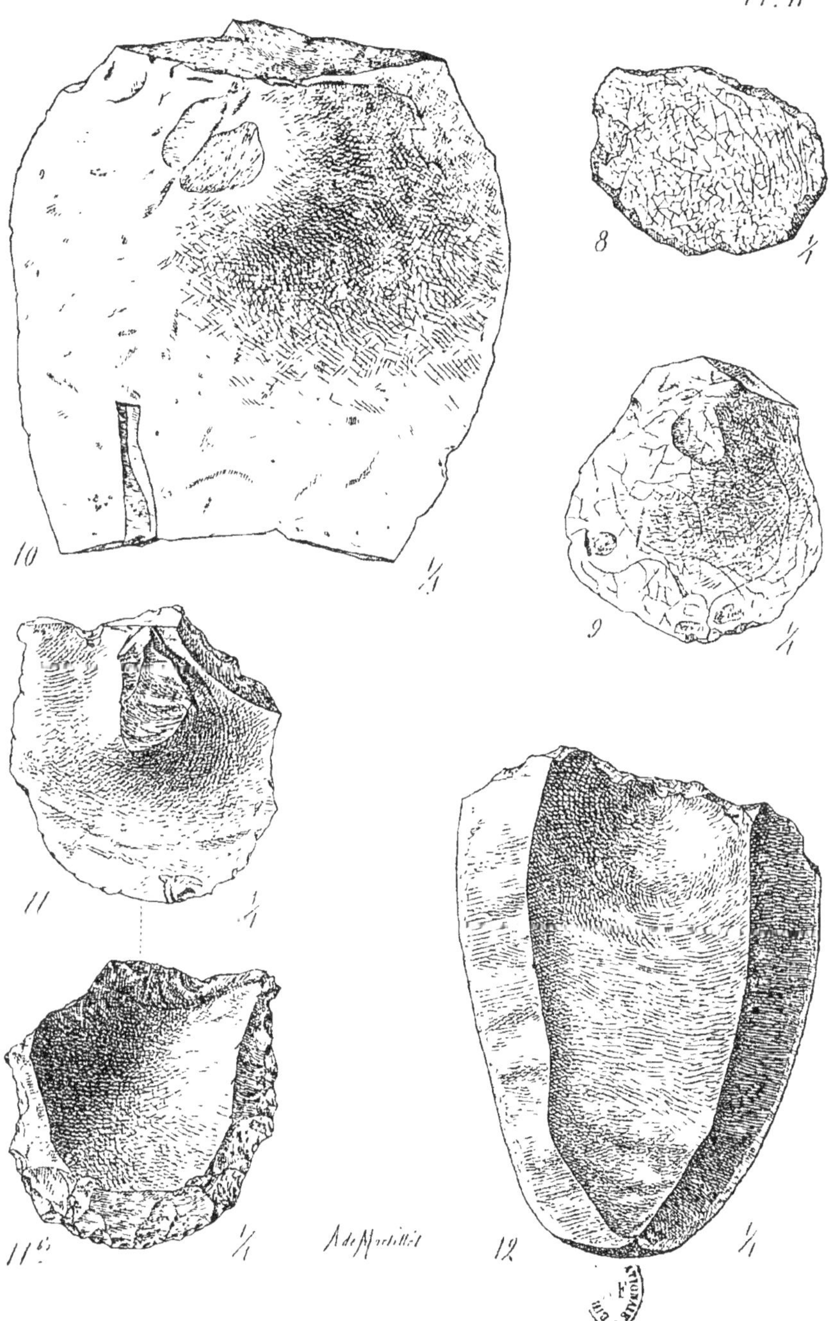
Pl. II
8
9
10
11
11 b
12
A de Mortillet

MUSÉE PRÉHISTORIQUE

PLANCHE III

TERTIAIRE

SILEX ET QUARTZITES MIOCÈNES ET PLIOCÈNES DE PORTUGAL

M. Carlos Ribeiro, directeur du relevé géologique du Portugal, a publié en 1871, sous le titre de *Descripção de alguns silex e quartzites lascados incontrados nas camadas dos terrenos terciario e quaternario,* un mémoire sur des silex et quartzites taillés, provenant du tertiaire de la vallée du Tage. Fier, à juste titre, de sa découverte, M. Ribeiro porta, en 1872, une partie des pièces recueillies, au Congrès international d'anthropologie et d'archéologie préhistoriques de Bruxelles. Ces pièces ne furent pas examinées avec toute l'attention qu'elles méritaient. Le géologue portugais ne se découragea pas. En 1878, il produisit, à Paris, une nouvelle série, à l'Exposition des sciences anthropologiques. Elle contenait au moins vingt-deux silex ou quartzites, portant des traces certaines d'un travail intentionnel. Le fait a été constaté par de nombreux visiteurs, auxquels M. Cartailhac et moi les avons montré.

Reste la question de gisement. Ces pièces proviennent de formations calcaires et surtout gréseuses, des vallées du Tage et du Sado, qui atteignent jusqu'à 400 mètres de puissance. Les couches sont disloquées et parfois soulevées jusqu'à la verticale. Ce sont bien là des terrains tertiaires. Les fossiles, du reste, établissent qu'au moins en partie, surtout dans la région d'Otta, ces dépôts sont miocènes supérieurs, de l'étage tortonien. Des plantes déterminées par M. O. Heer et des animaux étudiés par M. Albert Gaudry, parmi lesquels abonde l'hipparion, le prouvent de la manière la plus certaine. Un silex taillé a été trouvé en place, dans les couches d'Otta, par les membres du Congrès de Lisbonne.

La planche III contient la figure, grandeur naturelle, sur les deux faces, de quatre échantillons, recueillis par M. Ribeiro. Les trois premiers, dessinés d'après des photographies communiquées par M. Cartailhac, le quatrième d'après nature.

13. — Face inférieure d'un éclat de silex, avec large plan de frappe et conchoïde de percussion, en grande partie masqué par une forte éraillure. Base du Monte-Redondo, à Otta. (Collection de l'Académie des sciences de Lisbonne.)

13 *bis*. — Dos du n° 13, fort intéressant parce qu'il prouve que l'échantillon provient bien des couches de grès tertiaire d'Otta. En effet, sur le plan de départ du milieu de la pièce, il reste encore quelques petits débris de grès. Sur le côté gauche, dans l'intérieur du conchoïde en creux, — preuve évidente de taille intentionnelle, — il y a aussi un fragment de grès à gros grains, en tout semblable au grès des couches de la base de Monte-Redondo

14. — Éclat de silex, dos, provenant du miocène de Espinhaço de Cao d'après une photographie. (Collection de l'Académie des sciences de Lisbonne.)

14 *bis*. — Face inférieure du n° 14. On reconnait parfaitement le plan et le point de frappe. ainsi que le conchoïde de percussion avec son éraillure.

15. — Éclat de silex, face inférieure ou de depart, surmonté de son plan de frappe. Conchoïde de percussion très marqué, avec son éraillure. D'après une photographie. (Collection de l'Académie des sciences de Lisbonne)

15 *bis*. — Côté du dos de l'éclat de silex n° 15. avec trois plans de départ, portant des traces d'incrustations calcaires

16. — Éclat de quartzite, provenant du pliocène de Darquinha Face inférieure ou de départ, surmontée du plan et du point de frappe, avec conchoïde de percussion et éraillure. Récoltes Ribeiro. (Collection de l'École d'anthropologie de Paris, Musée Broca.)

16 *bis*. — Côté du dos de l'éclat de quartzite précédent, présentant un creux très net de conchoïde de percussion.

———— ❀ ————

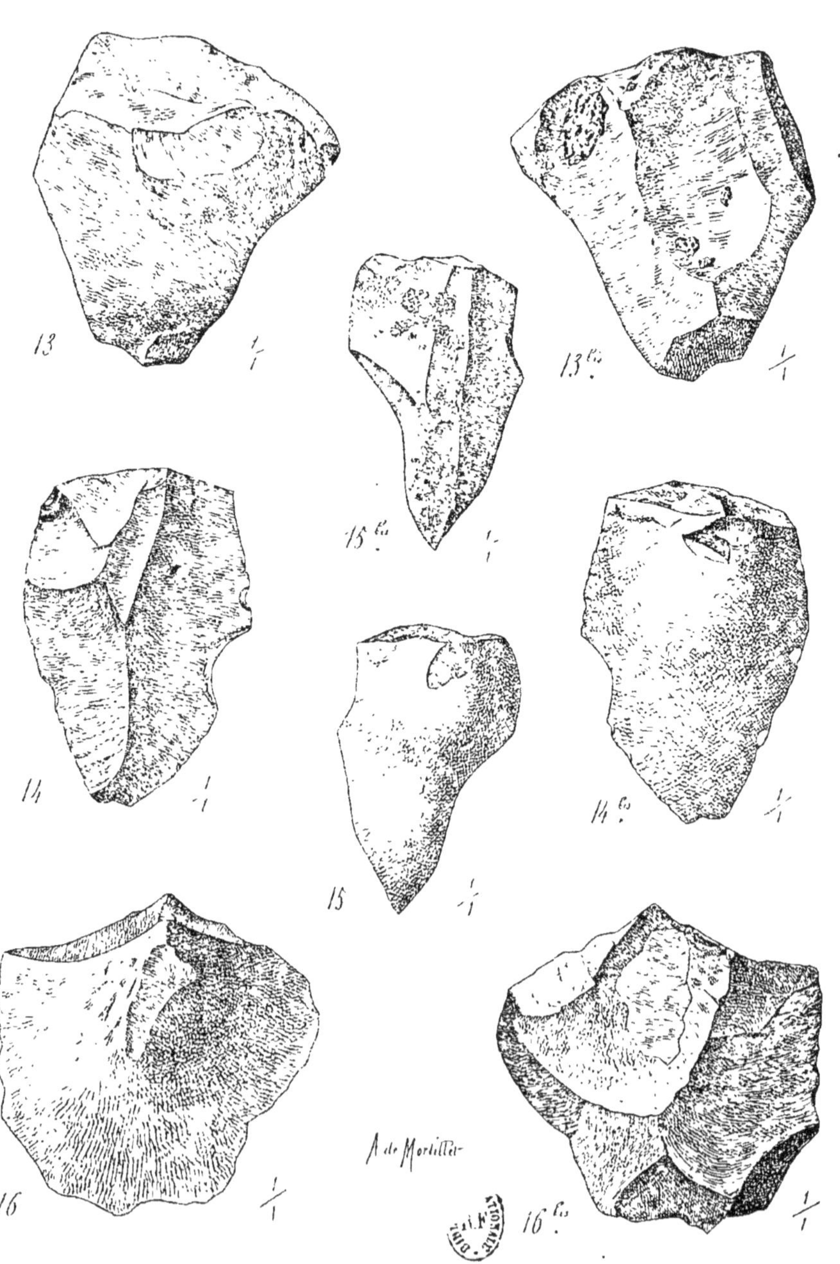

13
1/1
13 bis
1/1
15 bis
1/1
14
1/1
15
1/1
14 bis
1/1
16
1/1
16 bis
1/1
A. de Mortillet

MUSÉE PRÉHISTORIQUE

PLANCHE IV

TERTIAIRE

OS INCISÉS DES FALUNS

En même temps que Bourgeois signalait les silex taillés et brulés de l'aquitanien de Thenay, son ami et collègue au collège de Pontlevoy, M. Delaunay, montrait des os d'un cétacé fossile, l'halithérium, portant de profondes incisions. Ces os avaient été recueillis dans une assise de falun, analogue à celle marquée B dans la couche de Thenay, figure 1, planche I de notre MUSÉE. Ils appartiennent donc à une formation supérieure à celle qui contient les silex, et font partie de l'étage mayencien, miocène moyen. Ces incisions furent présentées comme l'œuvre de l'homme. Elles produisirent beaucoup plus d'effet sur les membres du Congrès que les silex de Bourgeois. Mais bientôt après, M. Delfortrie (1869) démontra que les ossements fossiles tertiaires de Léognan (Gironde) étaient aussi diversement incisés. Les incisions varient suivant la nature des dents de poissons carnassiers, auxquels les os sont associés. Ainsi, quand avec les os fossiles il y a des dents de *Sargus serratus*, dents comme pectinées, garnies longitudinalement d'une série de pointes, les os portent des incisions parallèles, rapprochées, répondant bien à la série des pointes. On doit en conclure d'une manière générale que les incisions sur ossements fossiles des formations marines, sont l'œuvre, non d'un être intelligent, mais bien de grands poissons carnassiers. C'est, en effet, maintenant l'opinion généralement admise.

17. — Fragment de côte d'halithérium des faluns de l'Anjou, près de Pouancé (Maine-et-Loire), avec trois ou quatre incisions à la surface. Récoltes Delaunay. (Musée de Saint-Germain, n° 9210.) M. Tournouër a montré, à la Société géologique de France, un autre os d'halithérium, venant de la même région et du même niveau, beaucoup plus incisé encore. M. Farge en a aussi montré un à la Société géologique, recueilli à Chavagnes-les-Eaux, dans la formation des faluns de l'Anjou. Il portait des incisions

très nombreuses et très profondes Ni l'un ni l'autre de ces présentateurs n'a attribué les incisions a l'homme.

18. — Autre fragment de côte d'halithérium des faluns de Pouancé, avec profondes incisions Récoltes Delaunay. (Collection de l'École d'anthropologie de Paris, Musée Broca). C'est l'un des deux échantillons montrés au Congrès international d'archéologie et d'anthropologie préhistoriques, Paris, 1868. Il produisit d'autant plus d'effet que plusieurs incisions présentent des reprises. Ainsi la première à droite fait un angle au milieu La seconde et la troisième se coupent en croix Des dents, dit-on, auraient laissé des empreintes continues, sensiblement rectilignes. C'est bien pour ce qui concerne les dents fixes des mammifères, mais les dents des squaloïdes, grands poissons carnassiers marins, sont mobiles et, par conséquent, peuvent faire des incisions en sens divers.

19. — Dent de *Charcarodon megalodon*, grand squaloïde fossile, faluns des environs de Combrée (Maine-et-Loire). Récoltes Bourgeois. (Collection de l'École d'anthropologie de Paris. Musée Broca.) Les dents de charcarodon et autres squaloïdes sont abondantes dans tous les faluns. On en trouve beaucoup à Pouance, comme à Chavagnes-les-Eaux. Au contraire, il ne s'y trouve point de silex taillés, ni même de silex naturels tranchants. Il est donc tout naturel d'admettre que les grandes dents sont les outils qui ont fait les incisions, et que l'ouvrier était l'animal armé de ces dents.

19 *bis*. — Vue de profil de la dent précedente.

Toutes les figures de cette planche sont de grandeur naturelle.

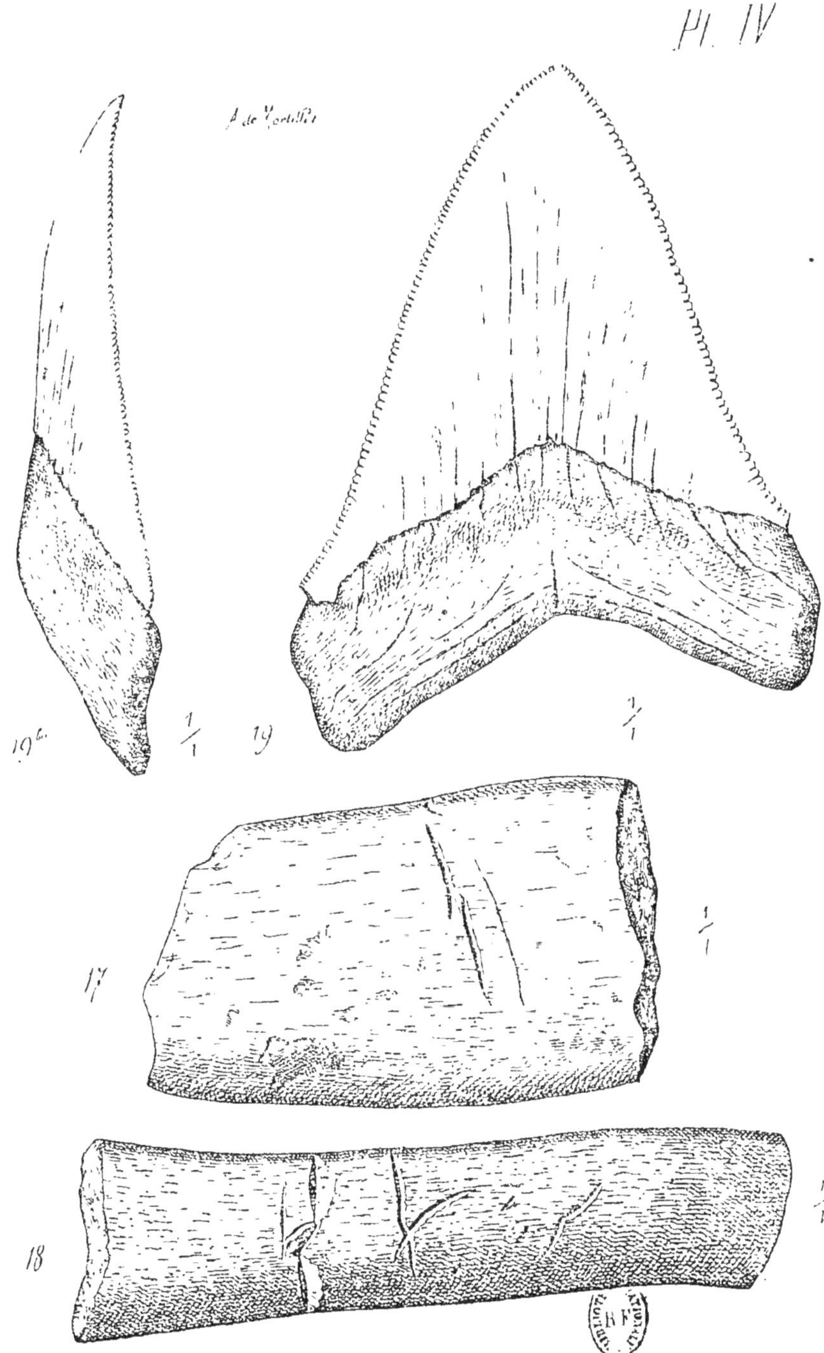

Pl. IV
A de Mortillet
19^b
1/1
19
1/1
17
1/1
18
1/1

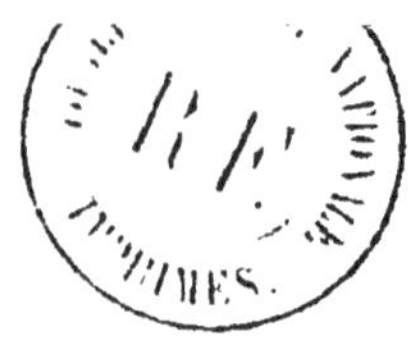

MUSÉE PRÉHISTORIQUE

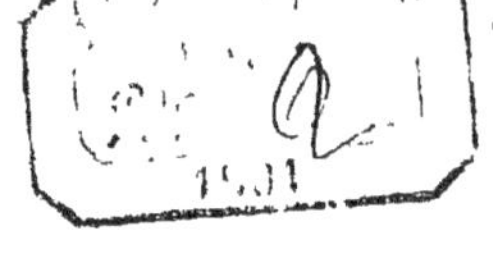

PLANCHE V

TERTIAIRE

OS INCISÉS DE L'ASTIEN.

Les incisions sur os fossiles impressionnent plus que les silex taillés, aussi M. Capellini a-t-il produit une certaine sensation en signalant, dès novembre 1875, des débris de cétacés avec profondes incisions. Il les remarqua pour la première fois sur des ossements d'un *Balænotus*, provenant des marnes bleues astiennes de Poggiorone, près Monte-Aperto, province de Sienne (Italie). Depuis, il a retrouvé des incisions ou entailles analogues sur d'autres os de cétacés, à peu près du même niveau géologique, de diverses localités de la vallée de la Fine (Toscane). « Ces entailles, dit M. Capellini, par leur forme et par la place à laquelle elles se trouvent, témoignent, d'une manière irréfutable, l'action d'un être qui maniait un instrument. »

Ces incisions ou entailles sont-elles anciennes? Incontestablement. Elles se trouvent sur des os pétrifiés, si durs qu'il serait très difficile de les entamer de nos jours avec les meilleurs outils. De plus, la surface des os est légèrement altérée, altération qui existe aussi dans les incisions.

Il reste donc à savoir quel est l'être et l'instrument qui les a fait. Les incisions n'existent que sur des ossements d'animaux marins, trouvés dans une couche d'eau profonde, ne contenant pas de silex, mais de nombreuses dents de poissons carnassiers. Il est donc tout naturel de dire que l'instrument était la dent puissante et tranchante de ces poissons.

20. — Fragment de l'apophyse épineuse d'une vertèbre lombaire de *Balænotus*. Poggiorone, près Monte-Aperto (Italie). Récoltes Capellini. (Musée géologique de l'Université de Bologne.) Avec profondes incisions ou entailles. La face opposée de cette apophyse en est completement dépourvue.

21. — Extrémité de l'apophyse épineuse d'une autre vertèbre lombaire, probablement du *Balænotus insignis*, comme la précédente. Poggiorone. Récoltes Capellini. (Musée géologique de l'Université de Bologne.) Présente deux incisions, une très profonde et une légère. La forme courbe de la profonde démontre que ce n'est pas un coup de hache. Ce n'est pas non plus le produit d'une lame droite; c'est l'œuvre d'une pointe large et tranchante. Un homme, avec les instruments en acier actuels, ne ferait pas une incision semblable d'un seul jet. Il faut donc chercher un autre être comme auteur de ces incisions. Les squalodons seuls sont capables de faire, avec leurs puissantes dents mobiles, de pareilles entailles.

22. — Fragment de côte du *Balænotus insignis*, avec diverses incisions. Poggiorone. Récoltes Capellini. (Musée géologique de l'Université de Bologne.)

23. — Fragment de cubitus de *Balænotus*, avec diverses incisions recouvertes en partie par une concrétion gypseuse, ce qui démontre bien leur ancienneté. La Collinella, près Castelnuovo della Misericordia, vallée de la Fine (Toscane). Récoltes Lawley. (Musée de Florence.)

24. — Dent de squaloïde. Faluns de Maine-et-Loire. Récoltes Bourgeois. (Musée Broca, collection de l'École d'anthropologie.) Ce sont de puissants poissons carnassiers, armés de dents de ce genre et comme celle de la figure 19, planche IV, qui ont fait les incisions sur les os de cétacés. Ces dents abondent dans les mêmes gisements que les os.

Toutes les figures de cette planche sont de grandeur naturelle.

———————❖———————

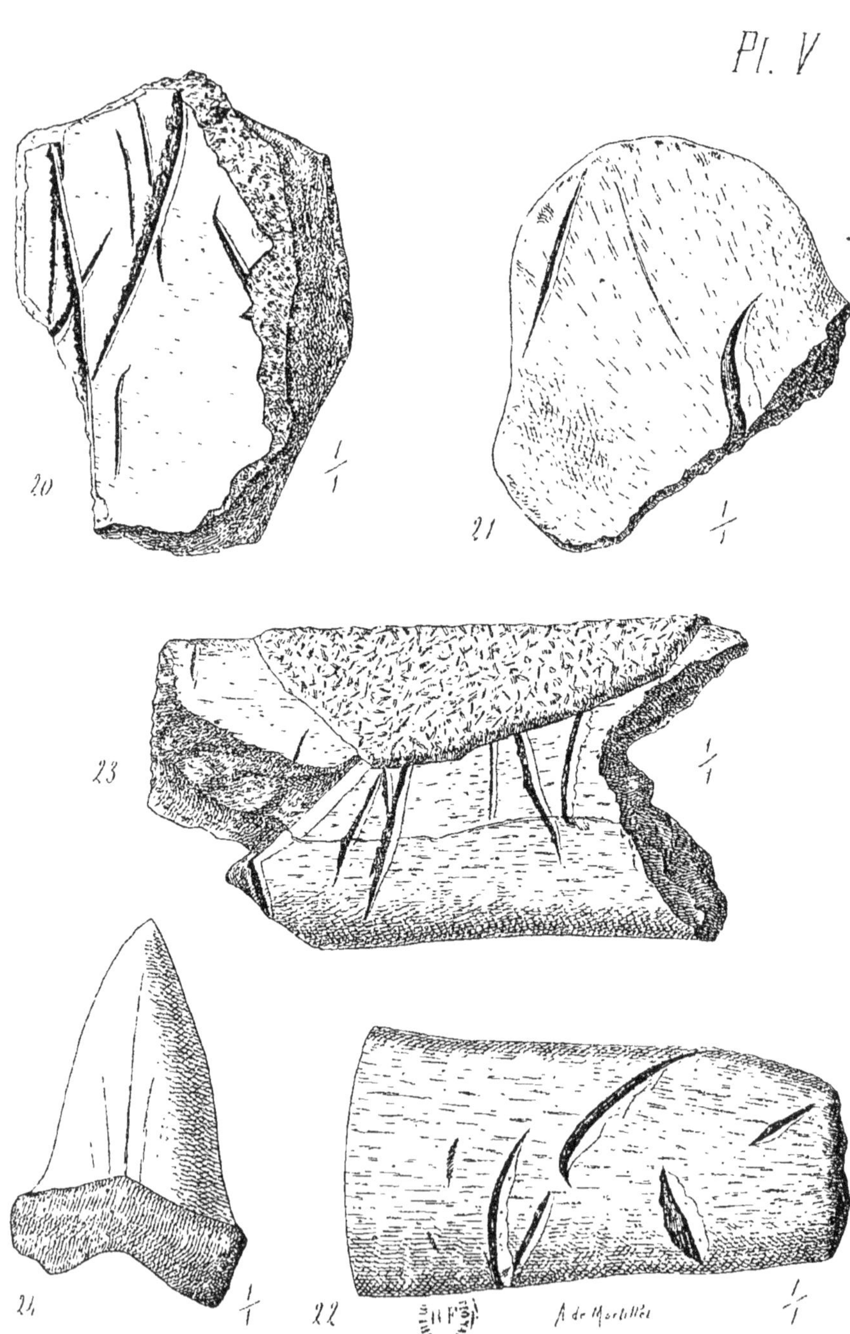
20
1/1
21
1/1
23
1/1
24
1/1
22
A de Mortillet
1/1

MUSÉE PRÉHISTORIQUE

PLANCHE VI

QUATERNAIRE — CHELLÉEN

INSTRUMENT CARACTÉRISTIQUE, EN SILEX, DES ALLUVIONS.

La période quaternaire se subdivise en quatre époques. Le chelléen, la plus ancienne de ces époques, tire son nom de la station de Chelles (Seine-et-Marne), station parfaitement pure et des mieux caractérisées. Autrefois cette époque était appelée acheuléenne, de la célèbre station de Saint-Acheul, près Amiens (Somme). Mais j'ai renoncé à ce nom parce qu'à Saint-Acheul le gisement n'est pas pur. Il y a mélange avec l'époque suivante, ce qui peut induire en erreur.

L'époque chelléenne est caractérisée par un instrument en silex, plus ou moins amygdaloïde, qui se maniait à la main, ce qui m'a fait lui donner le nom de coup de poing. On le nommait précédemment hache, mais improprement. En effet, ce n'est pas une hache, mais bien un instrument pour tout faire : scier, couper, percer, tailler, etc. C'était un instrument réunissant en lui seul tout l'outillage de cette époque.

25. — Instrument chelléen, en silex, Chelles (Seine-et-Marne). Récoltes Leroy. (Musée Broca, collection de l'École d'anthropologie de Paris.) Cette pièce montre les caractères les plus certains d'authenticité. Les faces de taille, surtout vers la base, portent des dendrites, petites cristallisations noires en forme de brins de mousse. Vers le sommet, les mêmes faces sont en partie recouvertes d'une incrustation calcaire. La pièce, très bien taillée sur les deux faces et dans tout son pourtour, conserve pourtant à la base, à droite, un plat pour pouvoir saisir et manier l'instrument à la main, sans se blesser.

26. — Instrument chelléen, en silex, Saint-Acheul, commune d'Amiens (Somme), provenant de la fouille spéciale faite par M. Gaudry, qui a donné cette pièce au Musée de Saint-Germain, n° 6822. Avec incrustations calcaires vers le haut. Très bien taillé sur les deux faces et sur tout le pourtour, ayant pourtant une dépression à droite, vers la base, pour faciliter l'empoignure.

27. — Instrument chelléen, tres allongé, en silex, a base globuleuse, remplissant bien la main. Montort, près Abbeville (Somme). Récoltes Boucher de Perthes. (Musée de Saint-Germain, n° 18878.)

28. — Instrument chelléen, en silex, Saint-Acheul (Somme). Le plus tranchant au pourtour que j'ai rencontré dans cette riche localité; pourtant à gauche, vers la base, existe une irrégularité dans la forme, bien intentionnelle, faite pour placer la main. La pièce a été dessinée de manière à montrer les faces de taille sur lesquelles la main doit s'appuyer. (Musée de Saint-Germain, n° 7003.)

29. — Instrument chelléen, en silex, parfaitement amygdaloïde, de Saint-Acheul (Somme). Très bien taillé sur les deux faces et tout au pourtour, sauf sur un petit point à la base, à gauche, où l'on voit une portion de la croûte extérieure du silex. Il y a aussi des faces de taille allongées pour faciliter la pose de la main et des doigts. Mission et récolte de Mortillet. (Musée de Saint-Germain, n° 7001.)

30. — Instrument chelléen, en silex, du Champ-de-Mars, à Abbeville (Somme). Forme ovale allongée. toute exceptionnelle. Récoltes Boucher de Perthes. (Musée de Saint-Germain, n° 18875.)

Toutes les figures de cette planche sont demi-grandeur naturelle, et proviennent des alluvions quaternaires.

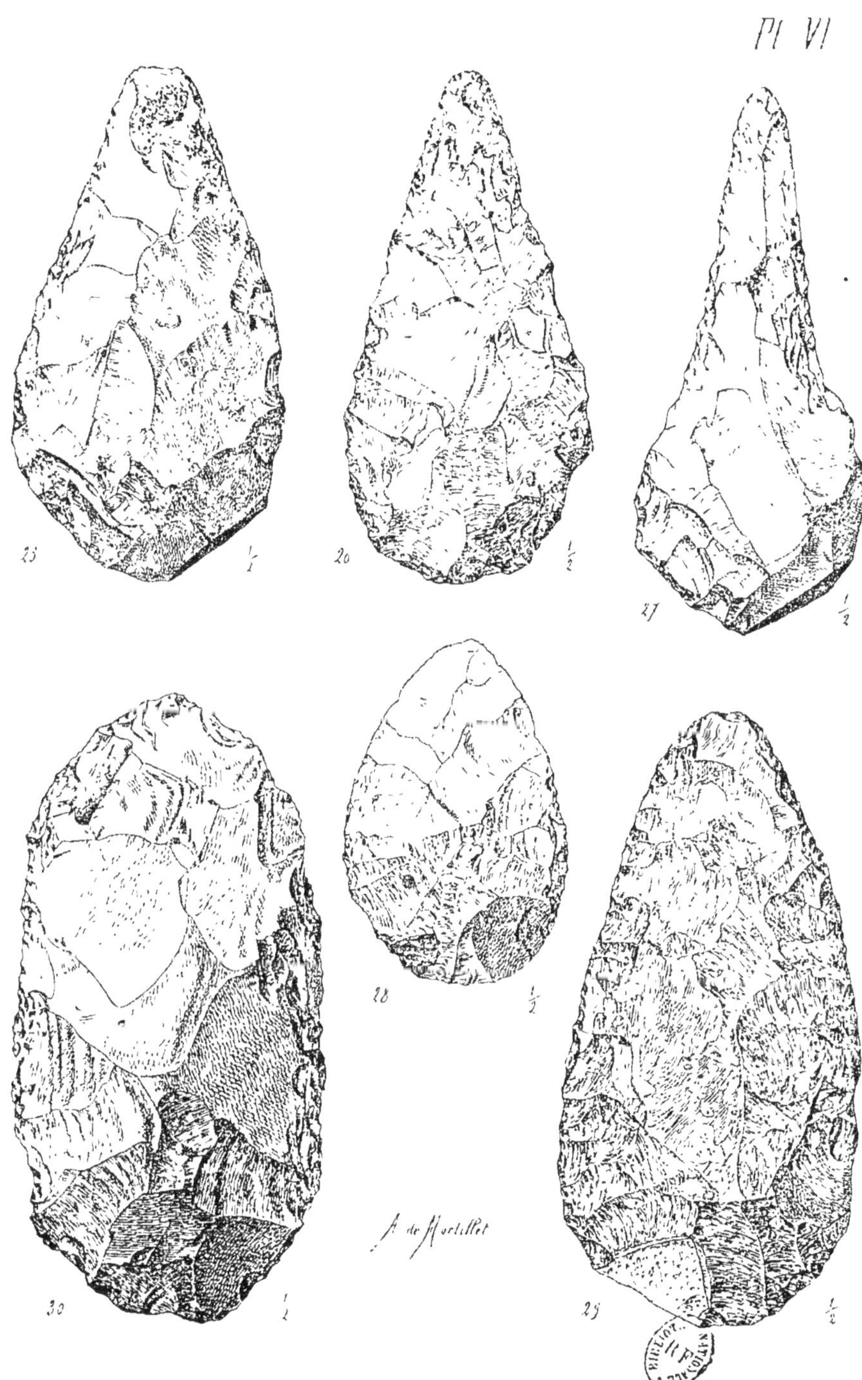

A. de Mortillet

MUSÉE PRÉHISTORIQUE

PLANCHE VII

QUATERNAIRE — CHELLÉEN

INSTRUMENT CARACTÉRISTIQUE, EN SILEX, DES ALLUVIONS

Nous multiplions les échantillons en silex parce que ce sont de beaucoup les plus abondants. Le silex est, de toutes les roches, la plus favorable pour fabriquer des instruments en pierre. De plus, il est extrêmement répandu dans la nature.

Nous insistons aussi sur les instruments trouvés dans les alluvions, parce que seuls ils nous fournissent des données certaines de gisement et par conséquent de chronologie relative.

31. — Instrument chelléen ou coup de poing, en silex, de Saint-Acheul, commune d'Amiens (Somme). Très bien taillé partout, sauf à la base où l'ouvrier a laissé une face plane, montrant encore la croûte naturelle du silex. Auprès de cette croûte et vers le haut de l'instrument on voit une espèce de patine nébuleuse, blanchâtre, très caractéristique d'un certain niveau de Saint-Acheul. Récoltes d'Acy. (Musée de Saint-Germain, n° 15232.)

32. — Instrument chelléen, en silex, Saint-Acheul (Somme). Très allongé, espèce de perçoir ou poinçon, ayant conservé à la base une forte portion du nodule naturel intact. C'est ce qu'on appelle un talon. Les instruments à talon sont assez nombreux. Ces talons servent de manche ou d'empoignure pour saisir l'instrument avec la main. Récoltes Boucher de Perthes. (Musée de Saint-Germain, n° 18879.)

33. — Instrument chelléen, en silex, Abbeville (Somme). Exemple d'une modification de forme. Au lieu d'être en pointe vers le sommet, comme le type ordinaire, cet instrument présente un tranchant en biseau. C'est une espèce de tranchet, forme assez exceptionnelle. Les figures 32 et 33 sont donc les deux extrêmes. Récoltes Boucher de Perthes. (Musée de Saint-Germain, n° 18898.)

34. — Instrument chelléen, en silex. Saint-Acheul (Somme). Autre modification de
forme. Le talon au lieu d'être à la base tout à fait, comme dans le n° 32, est sur le
côté. Il en résulte que l'instrument, empoigné par cette partie non taillée, ressemble
à un hachoir ou couperet. Les instruments de cette forme sont en général plus grands.
Récoltes d'Acy. (Musée de Saint-Germain, n° 12095.)

35. — Instrument chelléen, en silex. Menchecourt, près Abbeville (Somme). Échantillon
des plus petites dimensions. Récoltes Boucher de Perthes. (Musée de Saint-Germain,
n° 18918.)

36. — Instrument chelléen, en silex, Abbeville (Somme). Également de petite dimension.
Forme des plus arrondies. Récoltes Boucher de Perthes. (Musée de Saint-Germain,
n° 18873.)

37. — Instrument chelléen, en silex, Saint-Acheul (Somme). Torse. c'est-a-dire à faces
larges tordues. Ces instruments torses, assez fréquents, ne peuvent servir emmanchés.
Au contraire, ils sont très propres à être saisis à la main, bien que tout le pourtour
soit retouché. (Musée de Saint-Germain, n° 23071.)

37 *bis*. — Profil du n° précédent montrant la taille des deux faces et surtout la torsion du
bord.

38. — Instrument chelléen, en silex, Saint-Acheul (Somme). Coup de poing très bien
taillé sur les deux faces et aux bords supérieurs et inférieurs, mais avec une plaque
de croûte naturelle de chaque côté. Pouvait donc être saisi à volonté de droite ou de
gauche. (Musée de Saint-Germain, n° 15232.)

38 *bis*. — Profil du numéro précédent, montrant la taille des deux faces et la direction
rectiligne du bord, direction habituelle des instruments chelléens.

Toutes les figures de cette planche sont demi-grandeur naturelle et proviennent
des alluvions quaternaires.

A de Mortillet
Pl. VII

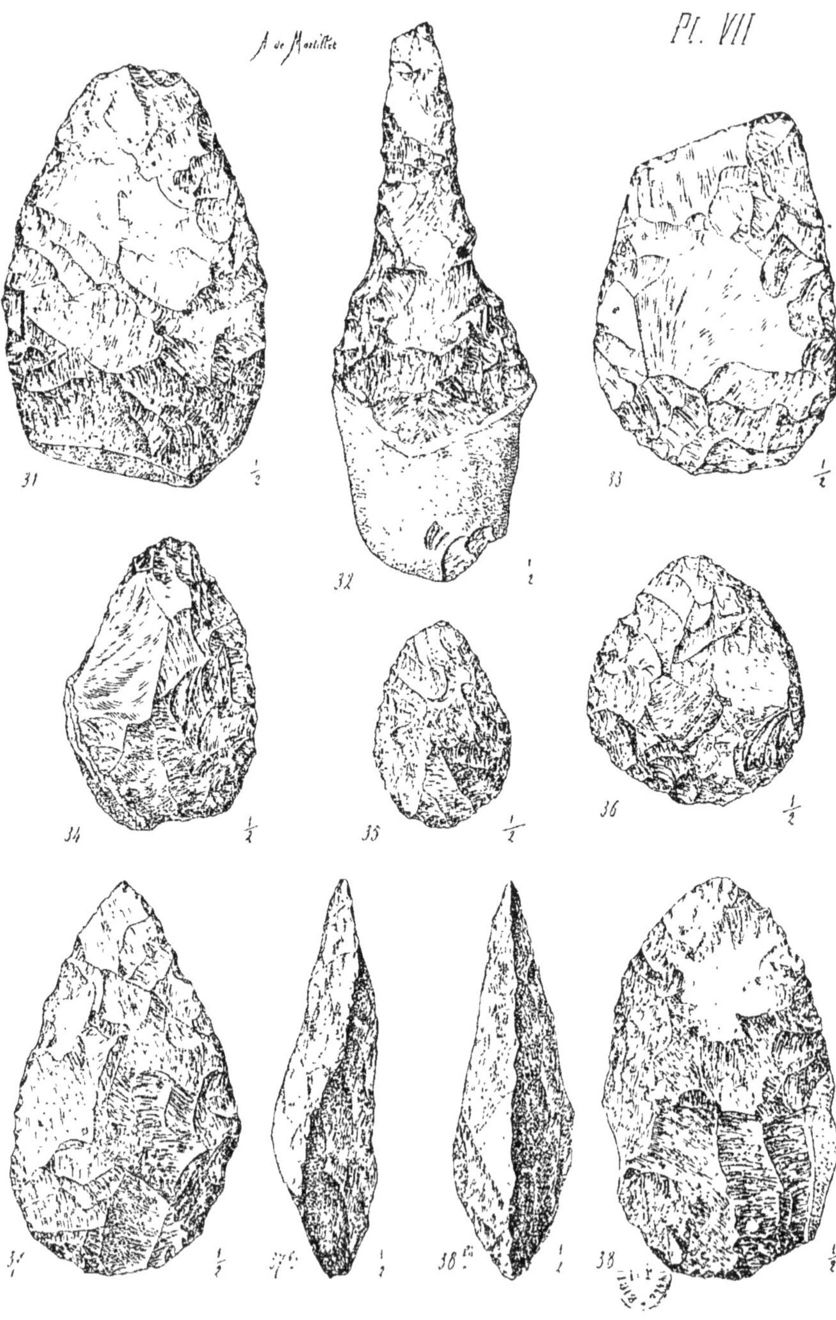

31
32
33
34
35
36
37
37 bis
38 bis
38

MUSÉE PRÉHISTORIQUE

PLANCHE VIII

QUATERNAIRE — CHELLÉEN

INSTRUMENTS EN SILEX ET ROCHES DIVERSES

Toutes les figures de cette planche, ainsi que celles des deux précédentes, sont à demi-grandeur naturelle. On peut ainsi se rendre compte des différences de taille des instruments chelléens. Nous avons représenté les plus petits (figure 35, planche VII, et figure 46 de la présente planche), mais il n'en est pas de même pour les plus grands. En silex, en quartzite et en quartz, il existe des échantillons plus volumineux que ceux que nous avons dessinés.

39. — Instrument chelléen, en silex, alluvions quaternaires de Saint-Acheul, commune d'Amiens (Somme), avec patine blanche, plus ou moins nuageuse, qui caractérise un niveau spécial dans les carrières. Percé d'un grand trou naturel. Les fabricants d'instruments de cette époque, ne se préoccupaient pas beaucoup de ces défauts naturels de la pierre. Les échantillons avec trous naturels ne sont pas rares. Récoltes de Mortillet. (Musée de Saint-Germain, n° 17121.)

40. — Instrument chelléen, en silex, alluvions de Saint-Acheul. Taillé seulement au sommet et sur l'un des bords. La base et l'autre bord montre le rognon de silex à l'état de nature. C'est un véritable couperet, une forme de passage entre le coup de poing chelléen et le racloir moustérien, seulement au lieu d'être, comme ce dernier, taillé sur une seule face, il l'est sur les deux. Récoltes de Mortillet. (Musée de Saint-Germain, n° 17126.)

41. — Instrument chelléen, en jaspe jaunâtre marbré de rouge foncé; surface du sol, Sommières (Vienne). Le jaspe est une roche de la localité. Ce petit coup de poing, du côté de la grosse tache rouge, est ménagé de manière à faciliter l'empoignure. Récoltes A. Brouillet. (Musée de Saint-Germain, n° 18168.)

42. — Instrument chelléen, à talon, en quartzite; surface du sol, vallées de la Sausse et de la Ceillonne, près de Toulouse (Haute-Garonne). Le talon montre que c'est un caillou roulé des Pyrénées qui a été taillé. Les surfaces de taille sont comme vernies, et toutes les aspérités sont émoussées et arrondies par l'action des pluies qui a produit une espèce de dissolution des éléments de la roche. Ces instruments en quartzite ont été découverts et signalés par M. d'Adhémar en 1868. Depuis, on en a trouvé tout le long des Pyrénées dans la Haute-Garonne, le Tarn, le Tarn-et-Garonne, les Landes. Récoltes d'Adhémar. (Musée de Saint-Germain, n° 15234.)

43. — Coup de poing ou instrument chelléen, en quartz opaque, roche de filon; surface du sol, vallées de la Sausse et de la Ceillonne (Haute Garonne), mêlé avec le précédent. Également formé d'un caillou roulé pyrénéen. Il reste des traces de la partie roulée à la base, ménagées pour faciliter l'empoignure. Récoltes d'Adhémar. (Musée de Saint-Germain, n° 15233.)

44. — Instrument chelléen, en quartzite, station du Bois-du-Rocher, sur la limite des communes de Saint-Helen et de Pleudihen (Côtes-du-Nord). Ces instruments, en roche de la localité, se trouvent dans une argile rouge quaternaire. La culture en ramène beaucoup à la surface du sol. Don de madame la comtesse Guéhéneuc de Boishue. (Musée de Saint-Germain, n° 21761.)

45. — Autre échantillon d'instrument chelléen, en quartzite, de la station du Bois-du-Rocher, pris à la Ganterie, commune de Saint-Helen. Ces deux échantillons sont de dimensions moyennes. Don de madame Guéheneuc de Boishue. (Musée de Saint-Germain, n° 21236.)

46. — Tout petit instrument chelléen, en quartzite, de la station du Bois-du-Rocher (Côtes-du-Nord). Récoltes Fornier. (Musée de Saint-Germain, n° 21549.)

47. — Instrument se rapprochant de la forme chelléenne : peut bien être moustérien; en silex d'eau douce tertiaire; surface du sol, à Sauvigny-les-Bois (Nièvre). La base n'est pas retaillée et elle est disposée de manière à ce que l'instrument puisse facilement être empoigné. Récoltes Jacquinot. (Musée de Saint-Germain, n° 22531.)

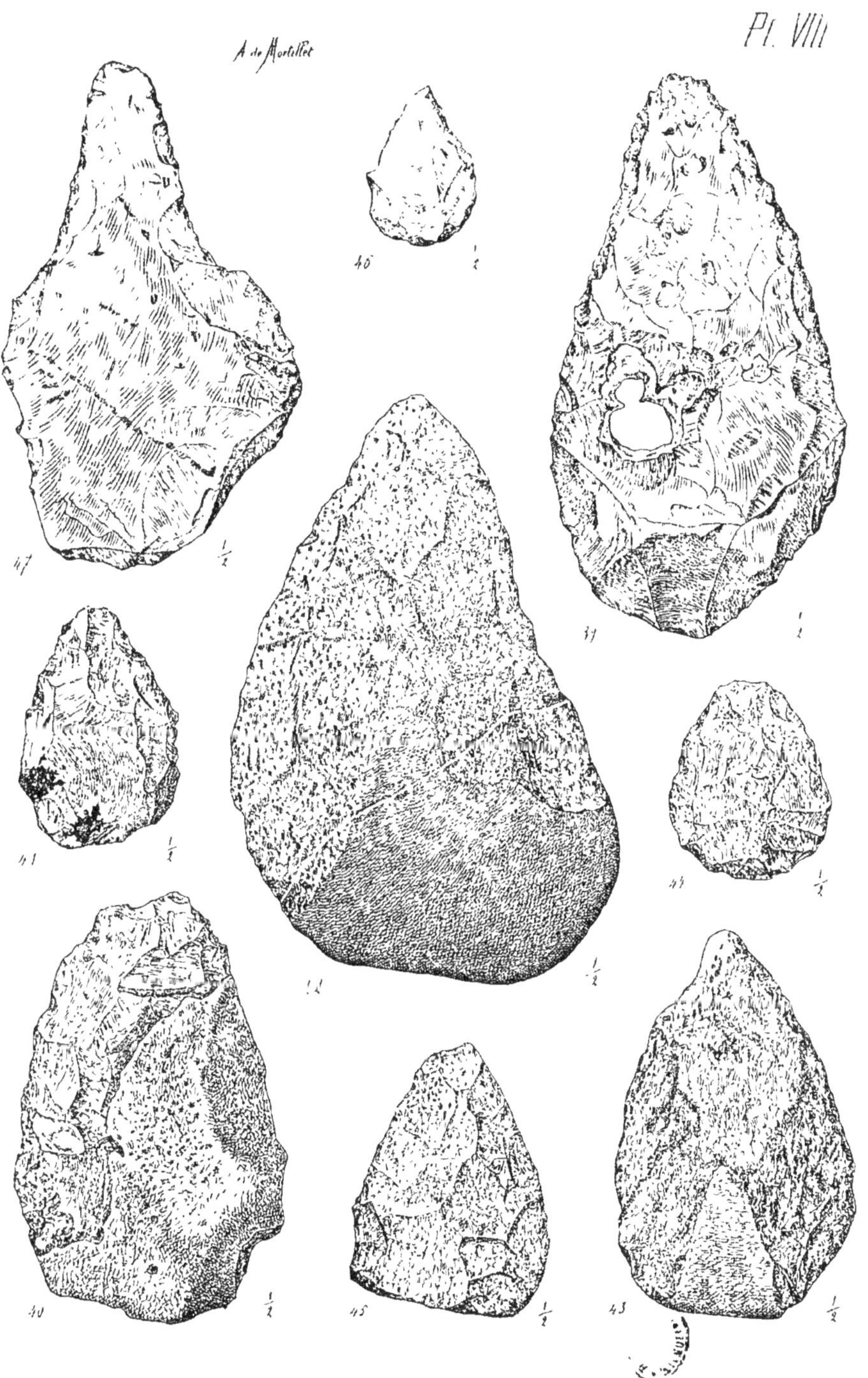

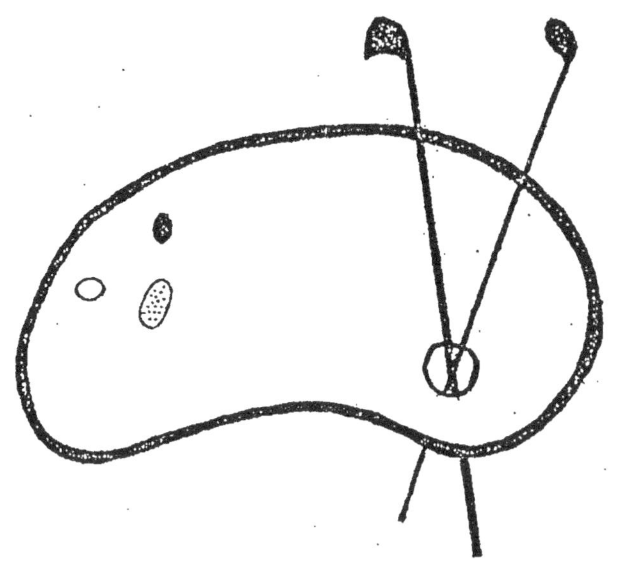

DEBUT D'UNE SERIE DE DOCUMENTS
EN COULEUR

MUSÉE
PRÉHISTORIQUE

PAR

GABRIEL ET ADRIEN DE MORTILLET

Photogravures de MM. Michelet et Yves-Barret.

Souscription à l'ouvrage complet. . . . . . 30 francs.

ALBUM

DE 100 PLANCHES CONTENANT 800 DESSINS CLASSÉS MÉTHODIQUEMENT

Format grand in-8°, dit grand Jésus, paraissant deux fois par mois, par livraisons de 4 planches, ayant chacune deux pages de texte en regard. Prix de la livraison : 1 fr. 50.

En souscrivant à l'ouvrage complet, 30 francs, on reçoit les livraisons *franco* par la poste. Les souscriptions sont reçues par M. Adrien de Mortillet, à Saint-Germain-en-Laye (Seine-et-Oise).

Pour la France, la Belgique, les Pays-Bas et Luxembourg, la Grande-Bretagne, l'Italie, la Suisse, la Suède et Norvège, le Danemark, l'Autriche-Hongrie, l'Allemagne, le Portugal, le meilleur mode de souscription est l'envoi d'un mandat postal au nom de M. A. de Mortillet, à Saint-Germain-en-Laye (Seine-et-Oise). Le talon sert de quittance.

Les livraisons sont en vente, à Paris, chez M. C. REINWALD, libraire, 15, rue des Saints-Pères.

TABLEAU DE LA CLASSIFICATION

DE M. GABRIEL DE MORTILLET

SUIVIE DANS LE *MUSÉE PRÉHISTORIQUE*

TEMPS			AGES	PÉRIODES	ÉPOQUES
Actuels.		Historiques.	du Fer.	Mérovingienne.	Wabennienne, Franque, Burgonde, Germanique.
				Romaine.	Champdolienne, Décadence Romaine.
					Lugdunienne, Beau-temps Romain.
		Protohistoriques.		Étrusque, Galatienne.	Marnienne, Gauloise, 3° Lacustre.
					Hallstattienne, des Tumulus, 1re du Fer.
			du Bronze.	Bohémienne.	Larnaudienne, du marteleur, 2° Lacustre en majeure partie.
					Morgienne, du fondeur, 2° Lacustre partie.
				Néolithique, Pierre polie.	Robenhausienne, 1rd Lacustre, des Dolmens.
Géologiques.	Quaternaires.	Préhistoriques.	de la Pierre.	Paléotithique, Pierre taillée.	Magdalénienne, des Cavernes en majeure partie, du Renne en presque totalité.
					Solutréenne, du Renne et du Mammouth partie.
					Moustérienne, du Grand Ours des cavernes.
					Chelléenne, Acheuléenne, du Mammouth partie, de l'Éléphant antique.
	Tertiaires.			Éolithique, Pierre éclatée.	Ottaienne, Tortonienne.
					Thenaisienne, Aquitanienne.

COMPTOIR

D'ARCHÉOLOGIE PRÉHISTORIQUE

EUGÈNE BOBAN

35, Rue du Sommerard (près le Musée de Cluny), Paris

VENTE — ACHAT — ÉCHANGE

Nous avons l'honneur d'annoncer à messieurs les Professeurs, Directeurs de musées et de collèges que, par suite de recherches, achats et échanges faits depuis plusieurs années avec des musées ou des amateurs, nous sommes arrivé à réunir une quantité considérable d'objets préhistoriques, ethnographiques et anthropologiques. Pour faciliter la démonstration dans les cours et les conférences, nous avons pensé qu'il serait utile de faire exécuter une série de moulages sur les pièces typiques, ce qui nous permet d'en livrer des fac-similés à des prix modérés.

Les objets portent des étiquettes rappelant la classification donnée par M. le professeur Gabriel de Mortillet.

Récemment, nous venons d'adjoindre à notre Comptoir un bureau spécial de *librairie*, où nous recevons en commission, en dépôt, toutes les publications, livres, brochures, cartes, plans, dessins, etc., ayant rapport aux sciences préhistoriques, archéologiques, ethnographiques et anthropologiques.

Nous comptons déjà sur le bienveillant concours des principaux auteurs français et étrangers, et c'est d'après leur conseil, et croyant être utile à la science, que nous nous efforcerons de réunir, de concentrer toute cette bibliographie, publiée tant en province qu'à l'étranger, et qu'il est presque toujours impossible de retrouver en librairie.

Pour faciliter les recherches, nous publierons, tous les trois mois, un Bulletin avec la liste et les prix des ouvrages qu'on aura bien voulu nous confier.

E. BOBAN.

www.ingramcontent.com/pod-product-compliance
Lightning Source LLC
Chambersburg PA
CBHW051346060726
47596CB00004B/1789